Impressum
Verlag: BABADADA GmbH, Nedderfeld 112 , 22529 Hamburg
Geschäftsführer / Verlagsleitung: Harald Hof
Druck: Books on Demand GmbH, In de Tarpen 42, 22848 Norderstedt

Imprint
Publisher: BABADADA GmbH, Nedderfeld 112 , 22529 Hamburg, Germany
Managing Director / Publishing direction: Harald Hof
Print: Books on Demand GmbH, In de Tarpen 42, 22848 Norderstedt, Germany

de School

المدرسة

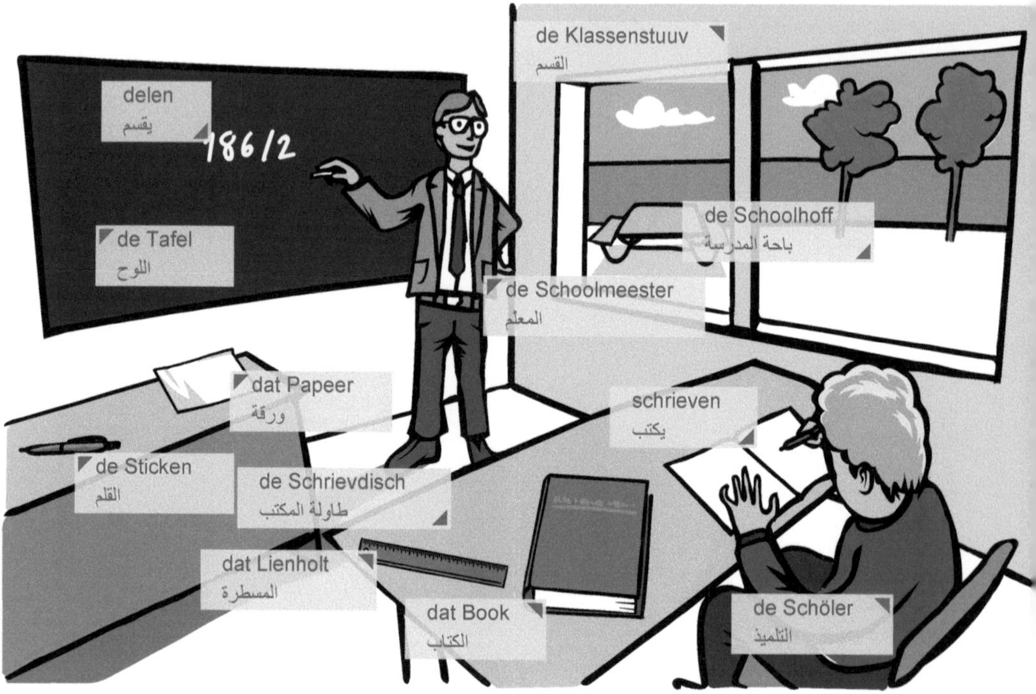

de Klassenstuuv
القسم
delen
يقسم
186/2
de Tafel
اللوح
de Schoolhoff
باحة المدرسة
de Schoolmeester
المعلّم
dat Papeer
ورقة
schrieven
يكتب
de Sticken
القلم
de Schrievdisch
طاولة المكتب
dat Lienholt
المسطرة
dat Book
الكتاب
de Schöler
التلميذ

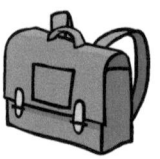

de Ranzel

الحقيبة المدرسية

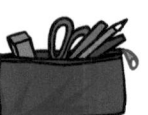

de Feddermapp

المقلمة

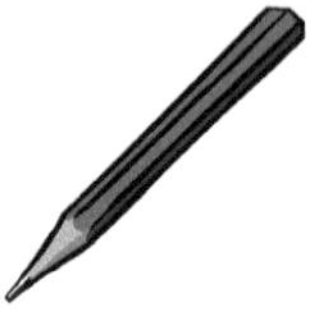

de Bleesticken

قلم الرصاص

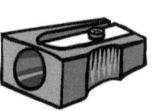

de Scharpmaker

البرّاية

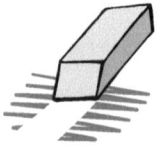

dat Radeergummi

المِمحاة

de Tekenblock

دفتر الرسم

de Teken

الرسمة

de Pinsel

الفرشاة

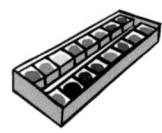

de Malkassen

علبة التلوين

de Scheer

المقص

de Klever

المادة اللاصقة

dat Heft to'n Öven

دفتر التمارين

de Huusopgaav

الواجب المدرسي

de Tall

الرقم

tohooptellen

يجمع

aftrecken

يطرح

malnehmen

يضرب

reken

يحسب

de Bookstaav

الحرف

dat ABC

الأبجدية

dat Woort

كلمة

de Text

النص

lesen

يقرأ

de Kried

الطبشور

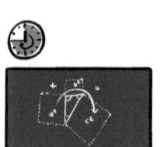

de Stunn

الحصة

dat Klassenbook

دفتر الدوام المدرسي

de Pröven

الامتحان

dat Tüügnis

شهادة

de Schooluniform

اللباس المدرسي

de Utbillen

التعليم

dat Nakieksel

الموسوعة

de Universität

الجامعة

dat Mikroskop

المجهر

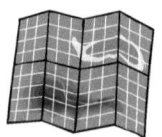

de Koort

الخريطة

de Papeerkorf

قماما

dat Hotel
فندق

Grand

de Harbarg
بيت الشباب

ROOMS

de Wesselstuuv
مكتب صرافة

EXCHANGE

de Kuffer
حقيبة

dat Auto
سيارة

de Spraak
اللغة

jo / ne
نعم / لا

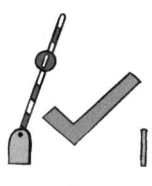

Jo
حسنًا

Moin
مرحبًا

de Översetter
مترجم

Dank ok
شكرًا

Wat kost...?

كم ثمن ... ؟

Ik verstah nich

لا أفهم

dat Problem

مشكلة

Goden Avend

مساء الخير

Moin!

صباح الخير!

Gode Nacht!

ليلة سعيدة

Tschüüs

إلى اللقاء

de Richt

اتجاه

de Bagaasch

أمتعة السفر

de Tasch

حقيبة

de Rüchsack

حقيبة ظهر

de Gast

ضيف

de Stuuv

غرفة

de Slaapsack

كيس للنوم

dat Telt

خيمة

de Touristeninformatschoon

استعلامات سياحية

de Strand

شاطئ

de Kreditkoort

بطاقة ائتمان

dat Fröhstück

إفطار

dat Meddageten

طعام الغداء

dat Avendeten

العشاء

de Fohrkort

بطاقة سفر

de Fohrstohl

مصعد

de Breefmark

طابع بريدي

de Grenz

حدود

de Toll

الجمارك

de Bottschop

سفارة

dat Visum

تأشيرة

de Pass

جواز سفر

de Transport

نقل

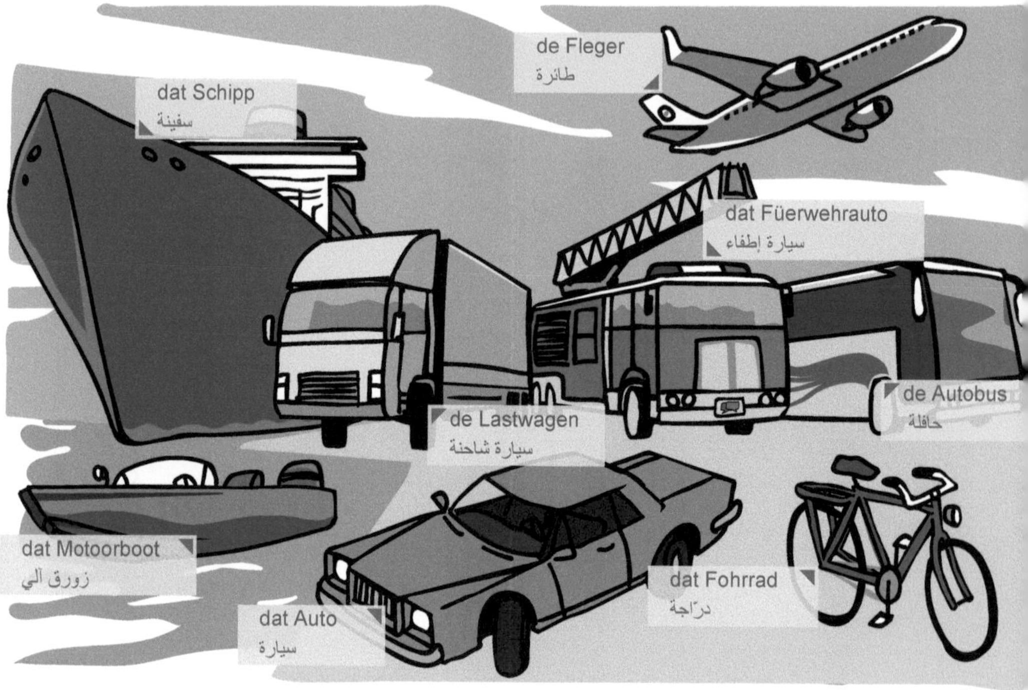

de Fleger
طائرة
dat Schipp
سفينة
dat Füerwehrauto
سيارة إطفاء
de Autobus
حافلة
de Lastwagen
سيارة شاحنة
dat Motoorboot
زورق آلي
dat Fohrrad
درّاجة
dat Auto
سيارة

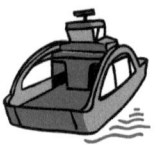

de Fähr

عبارة

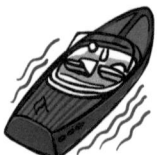

dat Boot

قارب

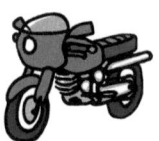

dat Motoorrad

دراجة نارية

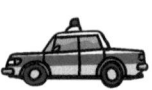

dat Polizeiauto

سيارة شرطة

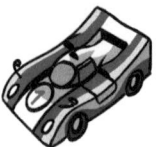

dat Rönnauto

سيارة سباق

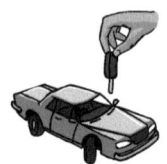

de Lehnwagen

سيارة مستأجرة

dat Carsharing

آسلوب تشاركي في استئجار السيارات

de Afsleepwagen

سيارة للجر

dat Müllauto

سيارة نقل القمامة

de Motoor

محرك

de Kraftstoff

وقود

de Tanksteed

محطة وقود

dat Verkehrsschild

إشارة مرور

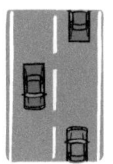

de Verkehr

حركة السير

de Stau

ازدحام سير

de Afstellplatz

موقف سيارات

de Bahnhoff

محطة قطار

de Sporen

سكك حديديه

de Tog

قطار

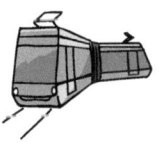

de Stratenbahn

ترام

de Wagon

عربة قطار

de Dwarsmöhl

طائرة مروحية

de Flooghaven

مطار

de Tower

برج

de Fohrgast

مسافر

de Grootkist

حاوية

de Karton

علبة كرتون

de Koor

عربة يد

de Korf

سلة

starten / lannen

يقلع / يهبط

de Stadt

مدينة

dat Dörp

قرية

de Binnenstadt

مركز المدينة

dat Huus

بيت

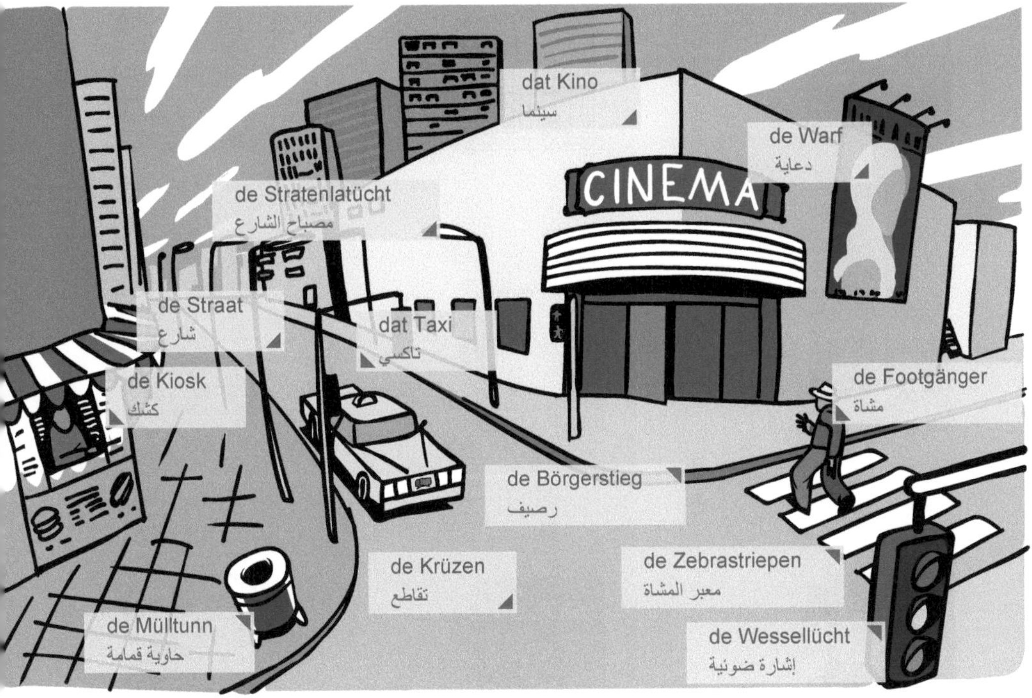
dat Kino
سينما
de Warf
دعاية
CINEMA
de Stratenlatücht
مصباح الشارع
de Straat
شارع
dat Taxi
تاكسي
de Kiosk
كشك
de Footgänger
مشاة
de Börgerstieg
رصيف
de Krüzen
تقاطع
de Zebrastriepen
معبر المشاة
de Mülltunn
حاوية قمامة
de Wessellücht
إشارة ضوئية

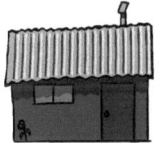

de Hütt

كوخ

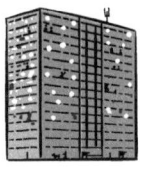

de Wahnung

شقة

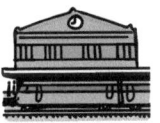

de Bahnhoff

محطة قطار

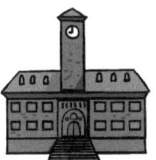

dat Raathuus

دار البلدية

MUSEUM

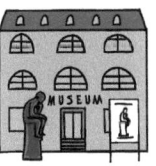

dat Museum

متحف

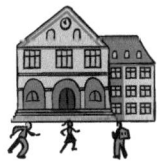

de School

المدرسة

de Universität

الجامعة

de Bank

مصرف

dat Krankenhuus

المستشفى

dat Hotel

فندق

de Afteek

صيدلية

dat Büro

مكتب

de Bookhökerie

مكتبة

de Hökerie

متجر

de Blomenhökerie

محل لبيع الزهور

de Supermarkt

سوبرماركت

de Markt

سوق

dat Koophuus

متجر كبير

de Fischhökerie

تاجر السمك

dat Inkoopszentrum

مركز تسوّق

de Haven

ميناء

de Parkanlaag

حديقة عامة

de Bank

مقعد

de Brüch

جسر

de Trepp

درج، سلم

de Ünnergrundbahn

مترو

de Tunnel

نفق

de Busstoppsteed

موقف حافلات

de Bar

بار

dat Spieslokal

مطعم

de Breefkassen

صندوق البريد

dat Stratenschild

لافتة باسم الشارع

de Parkklock

مقياس زمن الوقوف

de Deertenpark

حديقة حيوانات

de Baadanstalt

مسبح

de Moschee

مسجد

de Buernhoff

مزرعة

de Ümweltversmudden

تلوث البيئة

de Karkhoff

مقبرة

de Kark

كنيسة

de Speelplatz

ملعب الأطفال

de Tempel

معبد

de Landschop

طبيعة ريفية

dat Blatt
ورقة

de Wiespahl
علامة إرشاد

de Weg
طريق

de Wisch
مرج

de Steen
حجر

de Boom
شجرة

de Wannerer
رحالة

de Fluss
نهر

dat Gras
عشب

de Bloom
زهرة

dat Daal

وادٍ

de Barg

جبل

de See

بحيرة

dat Holt

غابة

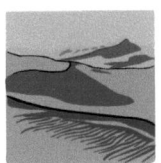

de Wööst

صحراء

de Füerspien Barg

بركان

dat Slott

قلعة

de Regenbagen

قوس قزح

de Poggenstohl

فطر

de Palm

نخلة

de Steekmück

بعوض

de Fleeg

ذبابة

de Miegeemk

نملة

de Imm

نحلة

de Spinn

عنكبوت

de Sebber

خنفساء

de Pogg

ضفدعة

de Katteker

سنجاب

de Swienegel

قنفذ

de Haas

أرنب

de Uul

بومة

de Vagel

عصفور

de Swaan

بجعة

dat Wildswien

خنزير برّي

de Hirsch

غزال

de Elk

إلكة

de Staudamm

سد

dat Windrad

دولاب الطاحونة الهوائية

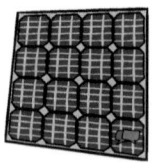

dat Solarmodul

خلية شمسية

dat Klima

مناخ

dat Spieslokal
مطعم

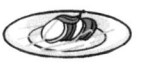

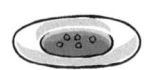

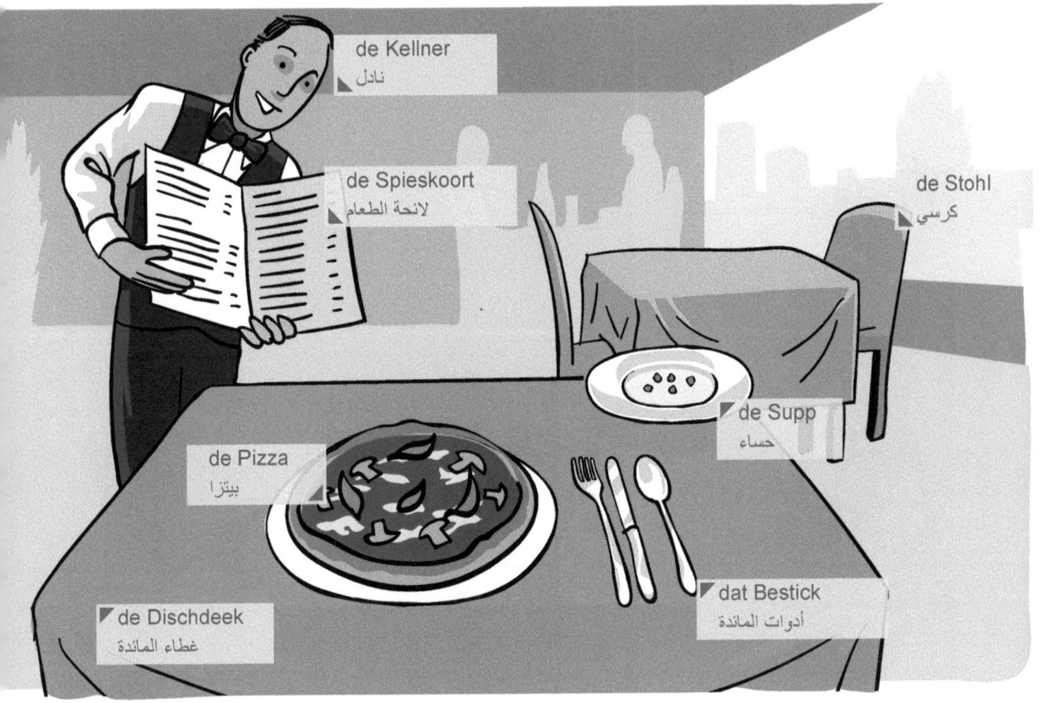
de Kellner
نادل
de Spieskoort
لائحة الطعام
de Stohl
كرسي
de Supp
حساء
de Pizza
بيتزا
dat Bestick
أدوات المائدة
de Dischdeek
غطاء المائدة

de Vörspies

مقبلات

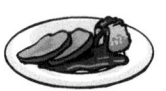

dat Haupteten

الصحن الرئيسي

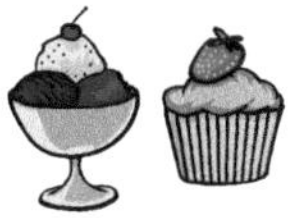

de Nadisch

حلوى أو فاكهة بعد الطعام

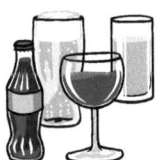

de Drünk

مشروبات

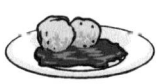

dat Eten

طعام

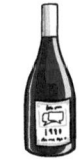

de Buddel

زجاجة

dat Fastfood

وجبات سريعة

dat Strateneten

طعام الشارع

de Teekann

إبريق الشاي

de Zuckerdoos

علبة السكر

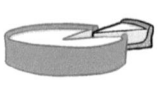

de Portschoon

حصّة

de Espressomaschien

آلة الإسبريسو

de Hoochstohl

كرسي عالٍ

de Reken

فاتورة

dat Tablett

صينية

dat Mess

سكين

de Gavel

شوكة

de Lepel

ملعقة

de Teelepel

ملعقة الشاي

dat Munddook

منديل المائدة

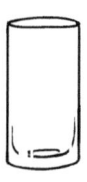

dat Glas

كأس

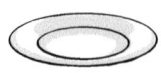

de Töller

صحن

de Suppentöller

صحن الحساء

de Ünnertass

صحن الفنجان

de Sooß

صلصة

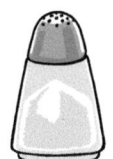

de Soltstreuer

مملحة

de Pepermöhl

مطحنة الفلفل

de Etig

خلَ

dat Ööl

زيت الطعام

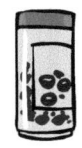

de Krüder

توابل

de Ketchup

كتشاب

de Mostrich

خردل

de Mayonnaise

مايونيز

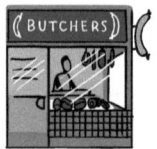

de Supermarkt

سوبرماركت

dat Anbott
عرض خاص
FOR
de Kunn
زبون
de Melkprodukten
مشتقات الحليب
dat Aaft
فواكه
de Inkoopswagen
عربة تسوّق

BUTCHERS

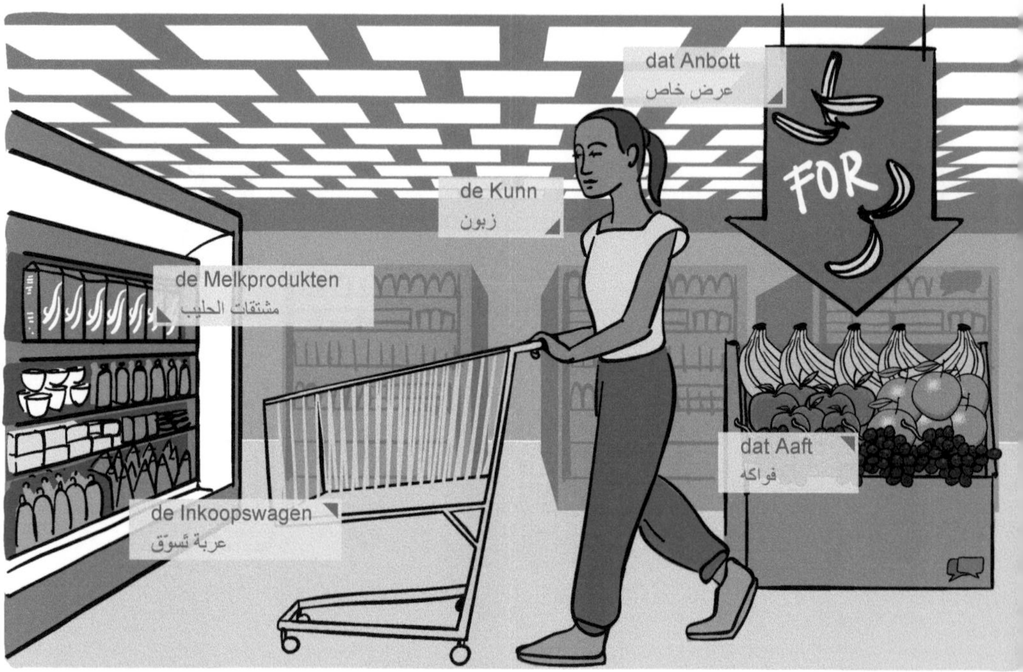

de Slachterie

جزّار

BAKERY

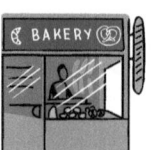

de Bäckerie

مخبز

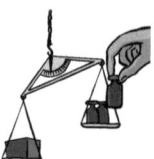

wegen

يزن

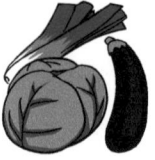

de Gröönsaken

خضار

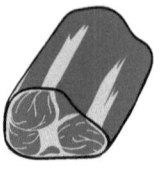

dat Fleesch

لحم

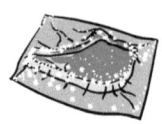

de Deepköhlkost

المأكولات المجمّدة

de Opsnitt

مرتدلا أو جبن

de Konserven

معلبات

de Waschmiddel

مسحوق الغسيل

de Snoopkraam

حلويات

de Huushooltssaken

المواد المنزلية

de Reinmaaktüüch

منظفات

de Verköpersche

بائعة

de Kass

صندوق الحساب

de Kasserer

أمين صندوق

de Inkoopslist

قائمة المشتريات

de Opsparrtieden

أوقات العمل

de Breeftasch

محفظة النقود

de Kreditkoort

بطاقة ائتمان

de Tasch

حقيبة

de Plastiktüüt

كيس بلاستيكي

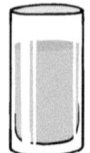

dat Water

ماء

de Saft

عصير

de Melk

حليب

de Cola

كولا

de Wien

نبيذ

dat Beer

بيرة

de Spriet

كحول

de Kakao

كاكاو

de Tee

شاي

de Koffie

قهوة

de Espresso

قهوة إسبريسو

de Cappucino

كابوتشينو

de Banaan

موزة

de Appel

تفاح

de Appelsien

برتقال

de Meloon

بطيخ

de Zitroon

ليمون

de Wöttel

جزرة

de Knuuvlook

ثوم

de Bambus

خيزران

de Zibbel

بصل

de Poggenstohl

فطر

de Nööt

لوزيات

de Nudeln

شعيرية

de Spaghetti

سباغيتي

de Ries

أرزّ

de Salat

سلطة

de Pommes frites

بطاطا مقلية

de Braadkantüffeln

بطاطا مقلية

de Pizza

بيتزا

de Hamborger

هامبورغر

dat Sandwich

ساندويش

dat Snitzel

شريحة لحم مقلية

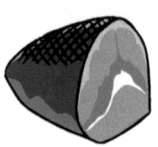

de Schinken

لحم خنزير

de Salami

سلامي

de Wust

سجق

dat Hohn

دجاج

de Braden

لحم محمر

de Fisch

سمك

de Haverflocken

دقيق الشوفان

dat Müsli

موسلي

de Cornflakes

كورن فلكس

dat Mehl

طحين

de Croissant

كرواسان

dat Rundstück

خبز صغير

dat Broot

خبز

dat Toast

خبز محمص

de Keksen

بسكويت

de Botter

زبدة

de Quark

لبن زبادي

de Koken

كعكة

dat Ei

بيضة

dat Spegelei

بيض مقلي

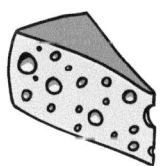

de Kees

جبنة

de Ies

مثلجات

de Zucker

سكر

de Honnig

عسل

de Marmelaad

مربّى الفاكهة

de Nougat-Creme

كريم النوغا

dat Curry

الكاري

de Buernhoff
مزرعة

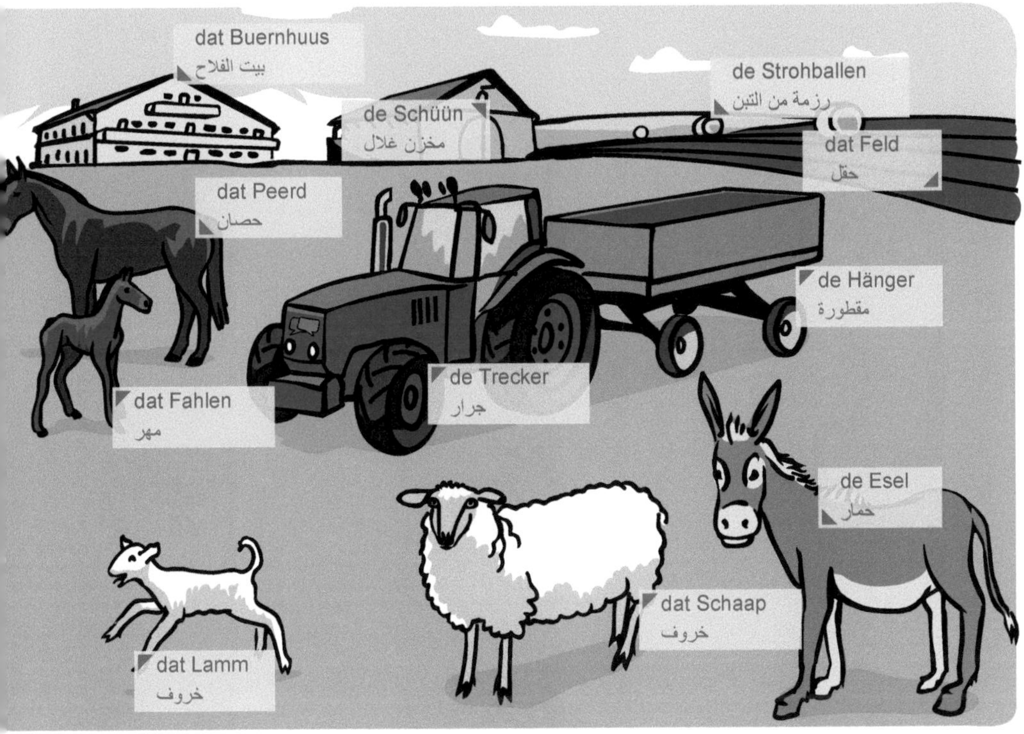
dat Buernhuus
بيت الفلاح
de Schüün
مخزن غلال
de Strohballen
رزمة من التبن
dat Feld
حقل
dat Peerd
حصان
de Hänger
مقطورة
de Trecker
جرار
dat Fahlen
مهر
de Esel
حمار
dat Schaap
خروف
dat Lamm
خروف

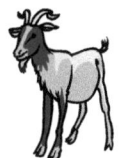

de Zeeg
....
ماعز

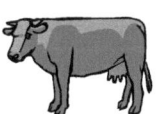

de Koh
....
بقرة

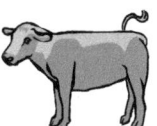

dat Kalf
....
عجل

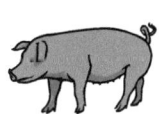

dat Swien
....
خنزير

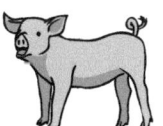

dat Farken
....
خنزير صغير

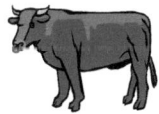

de Bull
....
ثور

de Goos

إوزّة

de Aant

بطّة

dat Küken

صوص

dat Hohn

دجاجة

de Hahn

ديك

de Rott

جرذ

de Katt

قطّة

de Muus

فأر

de Oss

ثور

de Hund

كلب

de Hunnenhütt

كوخ الكلب

de Goornslauch

خرطوم الحديقة

de Geetkann

إبريق

de Lee

منجل

de Ploog

المحراث

de Sich

منجل

de Hack

معزقة

de Mestfork

مذراة الزبل

de Ext

بلطة

de Schuufkoor

عربة يد

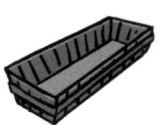

de Trog

معلف

de Melkkann

صفيحة الحليب

de Sack

كيس

de Tuun

سياج

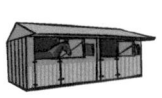

de Stall

اصطبل

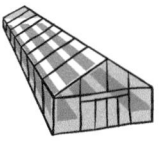

dat Drievhuus

دفيئة

de Bodden

تربة

de Saat

بذور

de Dünger

سماد

de Meihdöscher

حصّادة درّاسة

oornen

يحصد

de Oorn

محصول

de Yamswöttel

بطاطا يامس

de Weten

قمح

dat Soja

صويا

de Kantüffel

بطاطا

de Törksche Weten

ذرة

de Rapp

سلجم

de Aaftboom

شجرة فاكهة

de Troopsch Kantüffel

نبات منيهوت

dat Koorn

الحبوب

dat Huus

بيت

de Schosteen
مدخنة
dat Dack
سقف
de Regenrönn
مزراب
dat Finster
نافذة
de Garaasch
مرآب
de Döörklock
جرس الباب
de Döör
باب
de Müllemmer
قماما
de Breefkassen
صندوق البريد
de Goorn
حديقة

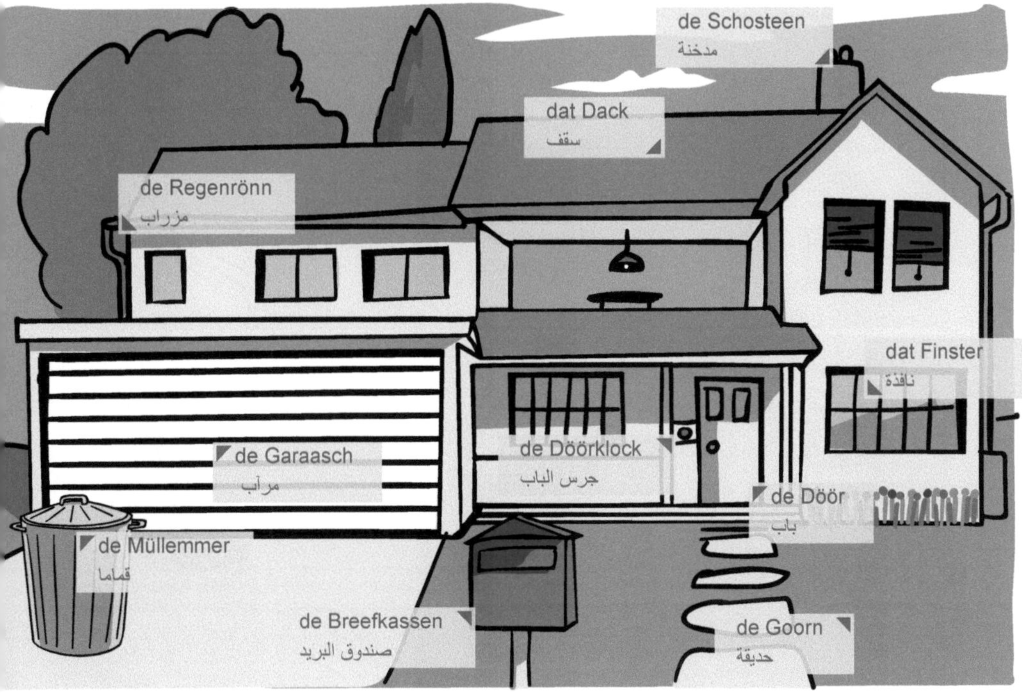

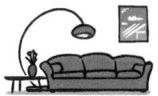

de Wahnstuuv

غرفة جلوس

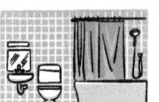

de Baadstuuv

الحمّام

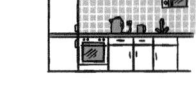

de Kook

مطبخ

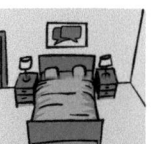

de Slaapstuuv

غرفة النوم

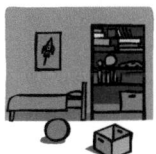

de Kinnerstuuv

غرفة الأطفال

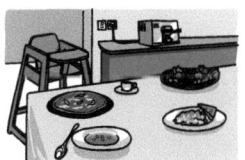

de Eetstuuv

غرفة الطعام

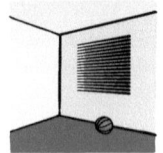

de Footbodden

أرضية

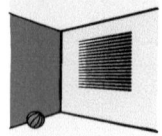

de Wand

حائط

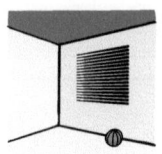

de Deek

سقف

de Keller

قبو

dat Hittluftbad

ساونا

de Balkon

بلكون

de Terrass

شرفة

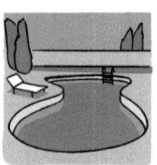

dat Swümmbad

مسبح

de Rasenmeiher

جزّازة العشب

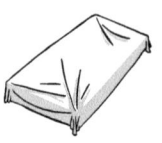

de Bettbetog

بياضات السرير

de Bettdeek

بطانية

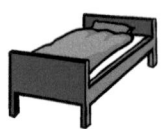

de Puuch

سرير

de Bessen

مكنسة

de Emmer

سطل

de Schalter

مفتاح كهربائي

de Wahnstuuv
غرفة جلوس

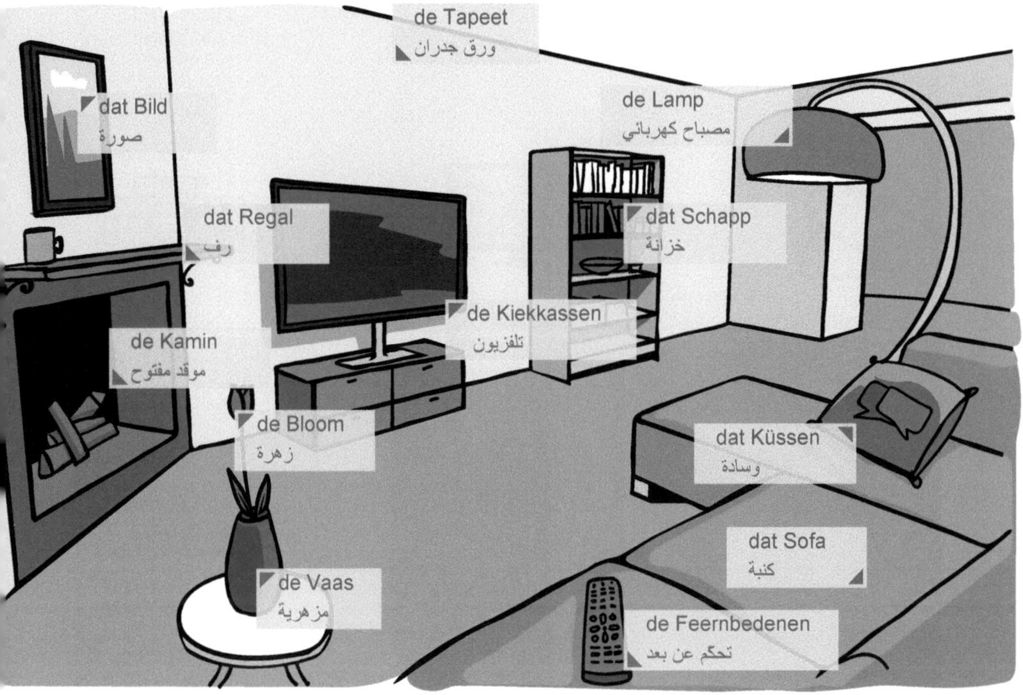

de Tapeet
ورق جدران
dat Bild
صورة
de Lamp
مصباح كهربائي
dat Regal
رف
dat Schapp
خزانة
de Kiekkassen
تلفزيون
de Kamin
موقد مفتوح
de Bloom
زهرة
dat Küssen
وسادة
dat Sofa
كنبة
de Vaas
مزهرية
de Feernbedenen
تحكم عن بعد

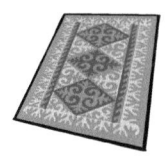

de Teppich

بصاط

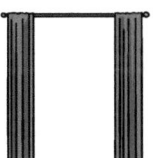

de Vorhang

ستارة

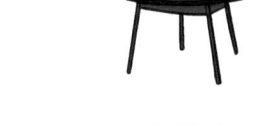

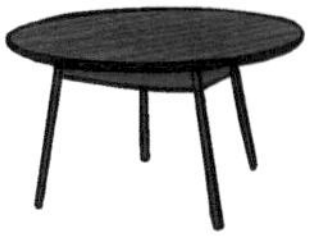

de Disch

طاولة

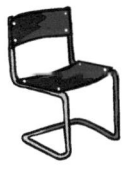

de Stohl

كرسي

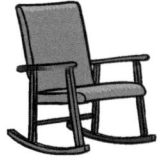

de Schuckelstohl

كرسي هزّاز

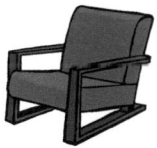

de Sessel

كرسي ذو ذراعين

dat Book
الكتاب

de Deek
بطانية

de Dekoratschoon
زخرفة

dat Füerholt
الحطب

de Film
فيلم

de Stereoanlaag
تجهيزات ستيريو

de Slötel
مفتاح

dat Narichtenblatt
جريدة

dat Gemälde
لوحة مرسومة

dat Poster
مُلصق

dat Radio
راديو

de Opschrievblock
دفتر ملاحظات

de Huulbessen
المكنسة الكهربائية

de Kaktus
صبّار

de Kars
شمعة

de Köök
مطبخ

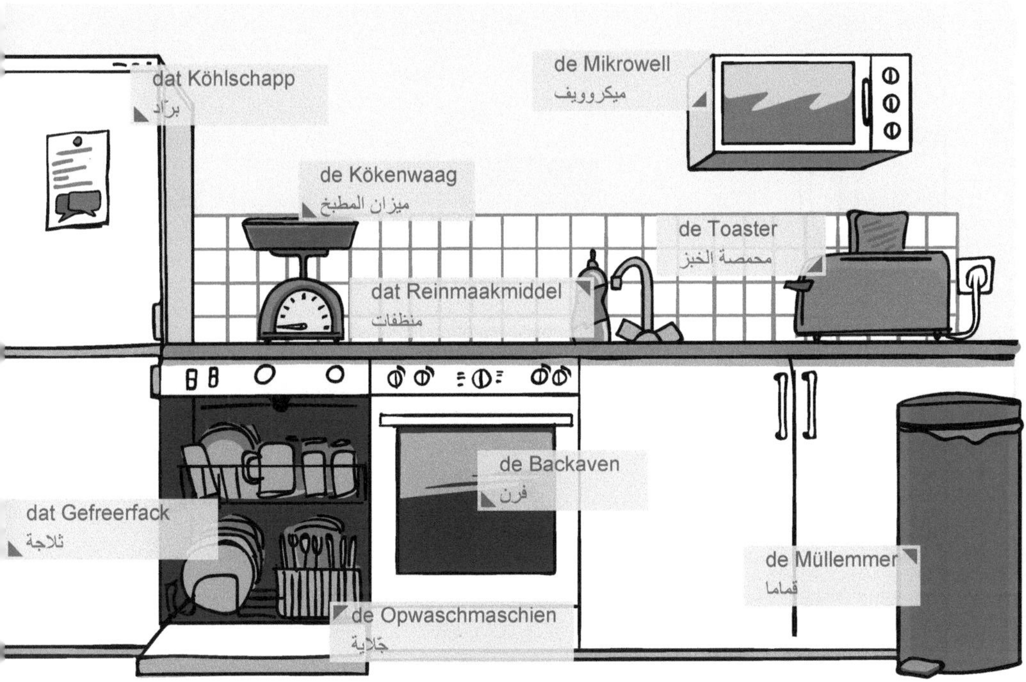
dat Köhlschapp
برّاد
de Mikrowell
ميكروويف
de Kökenwaag
ميزان المطبخ
de Toaster
محمصة الخبز
dat Reinmaakmiddel
منظفات
de Backaven
فرن
dat Gefreerfack
ثلاجة
de Müllemmer
قماما
de Opwaschmaschien
جلّاية

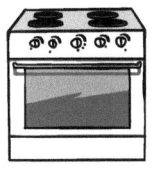

de Heerd
موقد

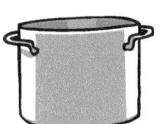

de Pott
قِدر

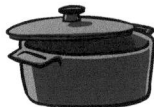

de Gussiesern Putt
وعاء من الحديد

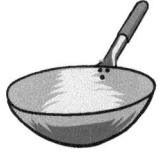

de Wok / Kadai
قدر صيني

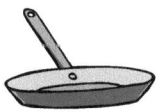

de Pann
مقلاة

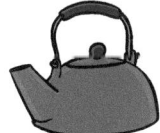

de Waterkaker
غلاية

de Dampkaakputt

قدر البخار

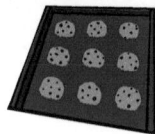

dat Backblick

صينية

dat Geschirr

أواني

de Beker

فنجان

de Schaal

صحن

de Eetsticken

عيدان الأكل

de Suppenkell

مغرفة

de Pannenwenner

ملعقة منبسطة

de Sneebessen

خفاقة

dat Kaakseef

مصفاة

dat Seef

مصفاة

de Riev

مبشرة

de Mörser

هاون

de Grill

شواء

de Füerstell

موقد

dat Sniedbrett

لوح التقطيع

dat Nudelholt

نشابة

de Proppentrecker

مفتاح الزجاجات

de Doos

علبة

de Dosenaapner

مفتاح العلب المعدنية

de Pottlappen

قماش الفرن

dat Waschbecken

مجلى

de Böst

فرشاة

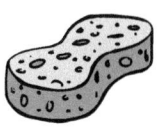

de Swamm

إسفنج

de Mixer

خلاط

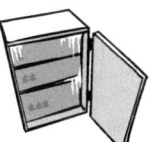

dat Iesschapp

مجمّدة

de Nuckelbuddel

زجاجة الطفل

de Waterhahn

صنبور الماء

de Baadstuuv

الحمّام

de Heizung
تدفئة
dat Handdook
منشفة
de Bruus
دوش
de Bruusvörhang
ستارة الدوش
dat Schuumbad
حمام رغوة
de Baadwann
حوض الحمام
dat Glas
كاس
de Waschmaschien
غسّالة
de Waterhahn
صنبور الماء
de Fliesen
بلاط
de lütte Putt
قفازات مطاطية
dat Waschbecken
مجلى

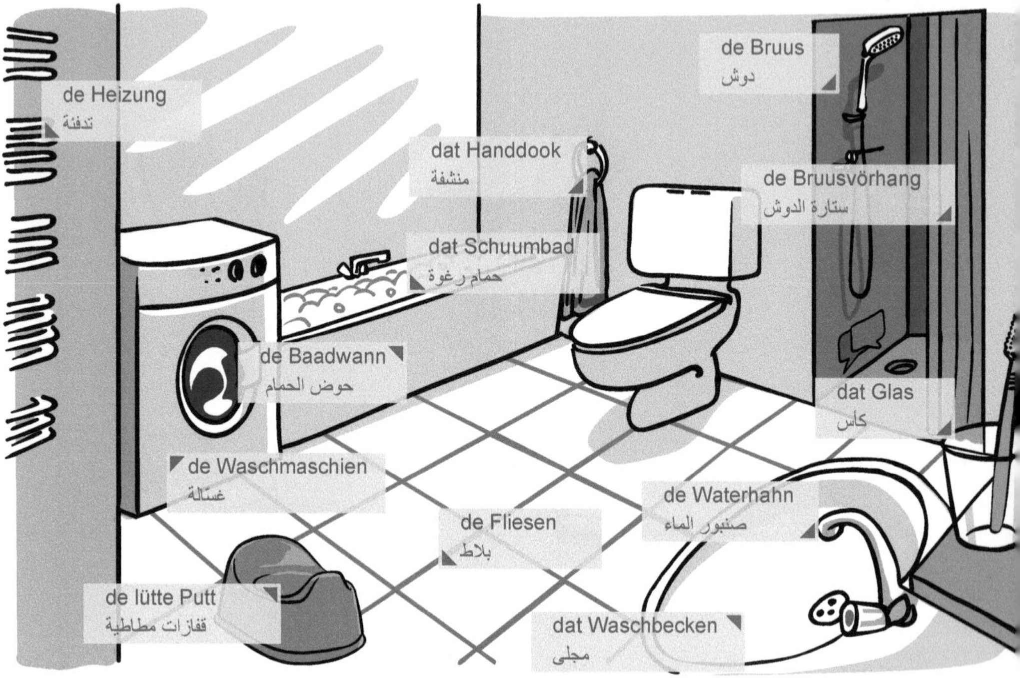

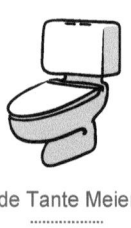

de Tante Meier

حمام

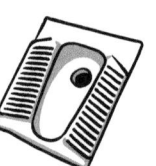

de Hockklo

مرحاض القرفصاء

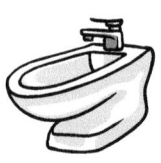

dat Bidet

حوض التشطيف

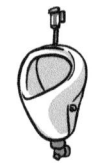

dat Miegbecken

مبولة

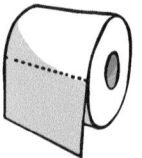

dat Klopapeer

ورق المرحاض

de Klobōst

فرشاة الحمام

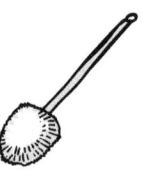

de Tähnböst

فرشاة الأسنان

de Tähnpast

معجون الأسنان

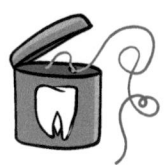

de Tähnsied

خيط حرير لتنظيف الأسنان

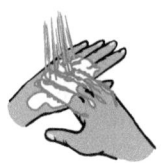

waschen

يغسل

de Handbruus

رشاش ماء يدوي

de Intimbruus

شطاف

de Waschschöttel

حوض الغسيل

de Rüchböst

فرشاة الظهر

de Seep

صابون

dat Bruusgeel

جل، الدوش

dat Hoorwaschmiddel

شامبو

de Waschlappen

ليفة

de Afloop

مصرف للماء

de Creme

مرهم

dat Deodorant

مزيل الروائح

de Spegel

مرآة

de Kosmetikspegel

مرآة يد

de Raserer

موس حلاقة

de Raseerschuum

رغوة الحلاقة

dat Raseerwater

كولونيا

de Kamm

مشط

de Böst

فرشاة

de Hoordröger

سشوار

dat Hoorspray

مثبت للشعر

de Smink

ماكياج

de Lippensticken

روج

de Nagellack

طلاء أظافر

de Watt

قطن

de Nagelscheer

مقص أظافر

dat Rüükwater

عطر

de Kulturbüdel

سلّة الغسيل

de Schemel

مقعد صغير

de Waag

ميزان

de Baadmantel

معطف الحمام

de Gummihanschen

قفازات مطاطية

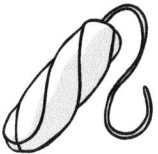

de Tampon

سدادة قطنية

de Damenbinn

منشفة صحية

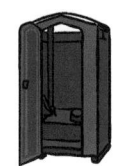

dat Chemieklo

تواليت كيميائية

de Kinnerstuuv

غرفة الأطفال

de Wecker
منبه
dat Knudeldeert
الحيوانات المحنطة
dat Speeltüüchauto
سيارة لعبة
de Klöter
خشخشة
dat Poppenhuus
بيت الدمى
dat Geschenk
هدية

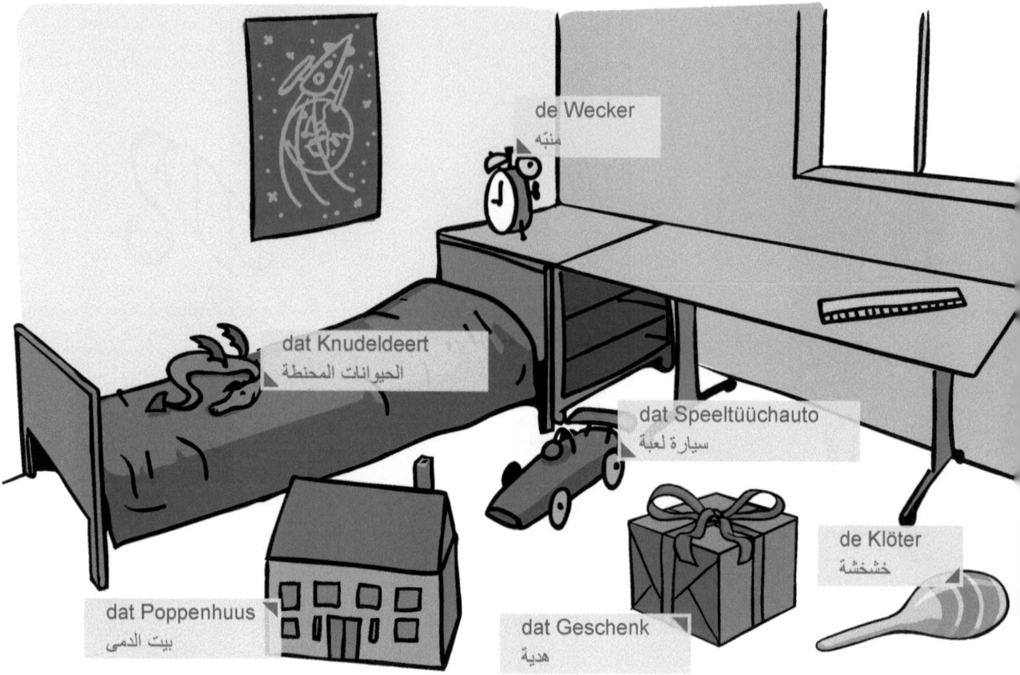

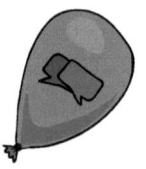

de Luftballon

بالون

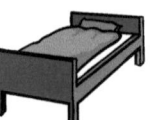

de Puuch

سرير

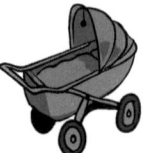

de Kinnerwagen

عربة الأطفال

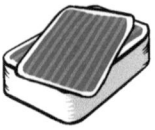

dat Koortenspeel

لعبة الورق

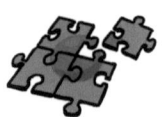

dat Puzzle

أحجية

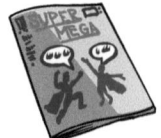

de Billergeschicht

رسوم هزلية

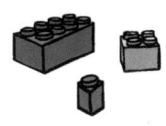

de Legostenen

أحجار الليغو

de Bustenen

حجارة تركيب

de Action-Figur

دمية بطل

de Strampelantog

لباس الطفل

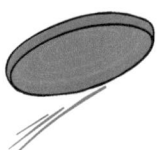

de Frisbeeschiev

فريسبي

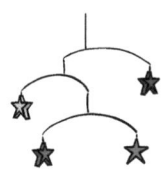

dat Mobile

دمية معلّقة

dat Brettspeel

لعبة الطاولة

de Wörpel

لعبة النرد

de Modelliesenbahn

لعبة قطار

de Snuller

مصّاصة

de Party

حفلة

dat Billerbook

كتاب مصوّر

de Ball

كرة

de Popp

دمية

spelen

يلعب

de Sandkassen

ملعب رملي للأطفال

de Schuckel

أرجوحة

dat Speeltüüch

لعبة

de Speelkonsool

ألعاب فيديو

dat Dreerad

دراجة ثلاثية

de Teddyboor

دمية على شكل الدب

dat Klederschapp

خزانة الثياب

dat Tüüch

ثياب

de Socken

جوارب قصيرة

de Strümp

جوارب طويلة

de Strumpbüx

جورب بنطلون

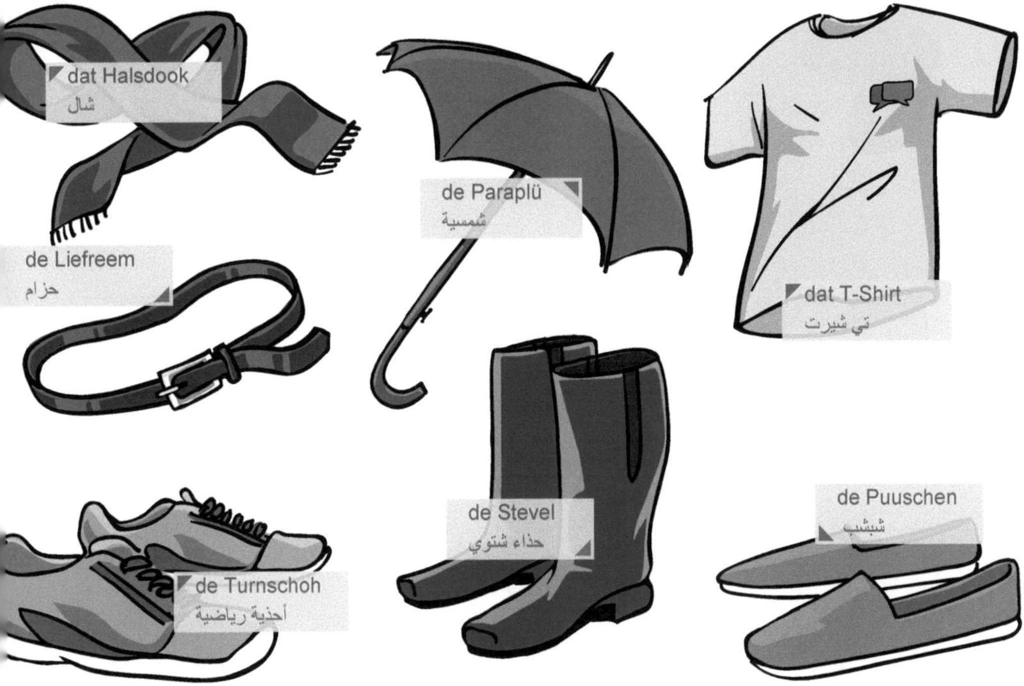

dat Halsdook
شال

de Paraplü
شمسية

dat T-Shirt
تي شيرت

de Liefreem
حزام

de Stevel
حذاء شتوي

de Puuschen
شبشب

de Turnschoh
أحذية رياضية

de Sandalen
صندل

de Schoh
حذاء

de Gummistevel
جزمة كاوتشوك

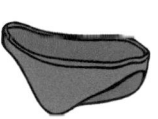
de Ünnerbüx
سروال داخلي

de Bostholler
صدّارة

dat Ünnerhemd
قميص داخلي

de Lief
لباس ملاصق للجسم

de Büx
بنطلون

de Jeansnüx
جينز

de Rock
تنورة

de Bluus
بلوزة

dat Hemd
قميص

de Pullover
سترة قطنية

de Kapuzenpullover
كنزة كم طويل

de Blazer
سترة فضفاضة

de Jack
سترة

de Mantel
معطف

de Övertrecker
معطف مطري

dat Kostüm
زي - طقم نسائي

dat Kleed
ثوب

dat Hochtietskleed
ثوب الزفاف

de Antog

طقم

dat Nachtkleed

قميص نوم

de Slaapantog

بيجاما

de Sari

ساري

dat Koppdook

حجاب

de Turban

عمامة

de Burka

برقع

de Kaftan

قفطان

de Abaya

عباءة

de Baadantog

مايوه

de Baadbüx

سروال سباحة

de Korte Büx

شورت

de Antog to'n Öven

بدلة رياضية

de Schört

مئزر

de Handschoh

قفازات

de Knopp

زر

de Brill

نظارة

dat Armband

إسوارة

de Halskeed

عقد

de Ring

خاتم

de Ohrbummel

قرط

de Mütz

طاقية

de Klederbögel

علاقة ثياب

de Hoot

قبّعة

de Binner

ربطة العنق

de Rietslüter

سحّاب

de Helm

خوذة

dat Drachtband

حمّالة البنطلون

de Schooluniform

اللباس المدرسي

de Uniform

زي موحّد

de Severböten

مريلة الأطفال

de Snuller

مصّاصة

de Winnel

لفافة

dat Büro

مكتب

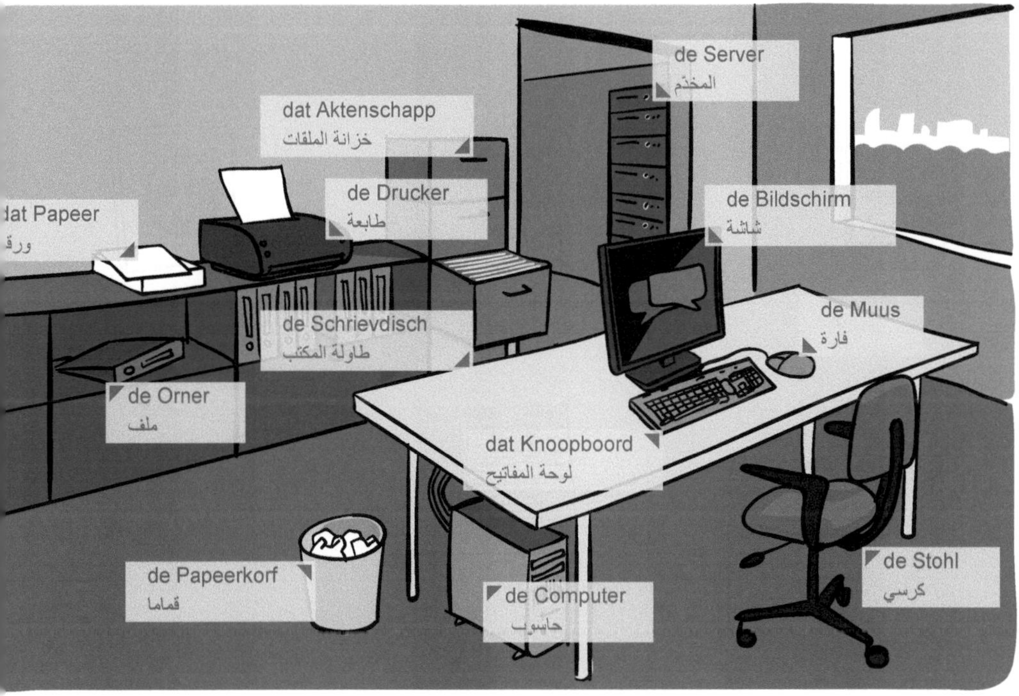

de Server
المخدّم

dat Aktenschapp
خزانة الملفات

de Drucker
طابعة

de Bildschirm
شاشة

dat Papeer
ورق

de Schrievdisch
طاولة المكتب

de Muus
فأرة

de Orner
ملف

dat Knoopboord
لوحة المفاتيح

de Papeerkorf
قمامة

de Computer
حاسوب

de Stohl
كرسي

de Koffiebeker

كأس من القهوة

de Taschenreekner

الآلة الحاسبة

dat Internet

الإنترنت

de Klappreekner

الحاسوب المحمول

de Breef

رسالة

de Naricht

خبر

de Ackersnacker

الهاتف المحمول

dat Nettwark

شبكة

de Kopeerapparat

جهاز تصوير

de Software

البرمجيات

de Klöönkassen

هاتف

de Steekdoos

مقبس كهربائي

de Faxapparat

فاكس

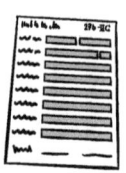

dat Formulor

استمارة

dat Dokument

وثيقة

köpen

يشتري

betahlen

يدفع

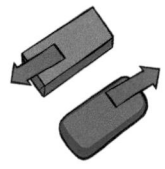

hanneln

يتاجر

dat Geld

مال

 USD

de Dollar

دولار

 EUR

de Euro

يورو

 JPY

de Yen

ين

 RUB

de Ruvel

روبل

 CHF

de Swiezer Franken

فرنك سويسري

 CNY

de Renminbi Yuan

يوان

 INR

de Rupie

روبية

de Geldautomat

صرّاف آلي

de Wesselstuuv

مكتب صرافة

dat Gold

ذهب

dat Sülver

فضة

dat Ööl

نفط

de Energie

طاقة

de Pries

سعر

de Verdrag

عقد

de Stüer

ضريبة

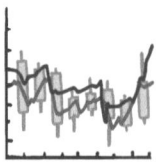

de Andeelschien

سهم

arbeiden

يعمل

de Anstellte

موظف

de Arbeitgever

رب العمل

de Fabrik

مصنع

de Hökerie

متجر

de Profeschonen

المِهَن

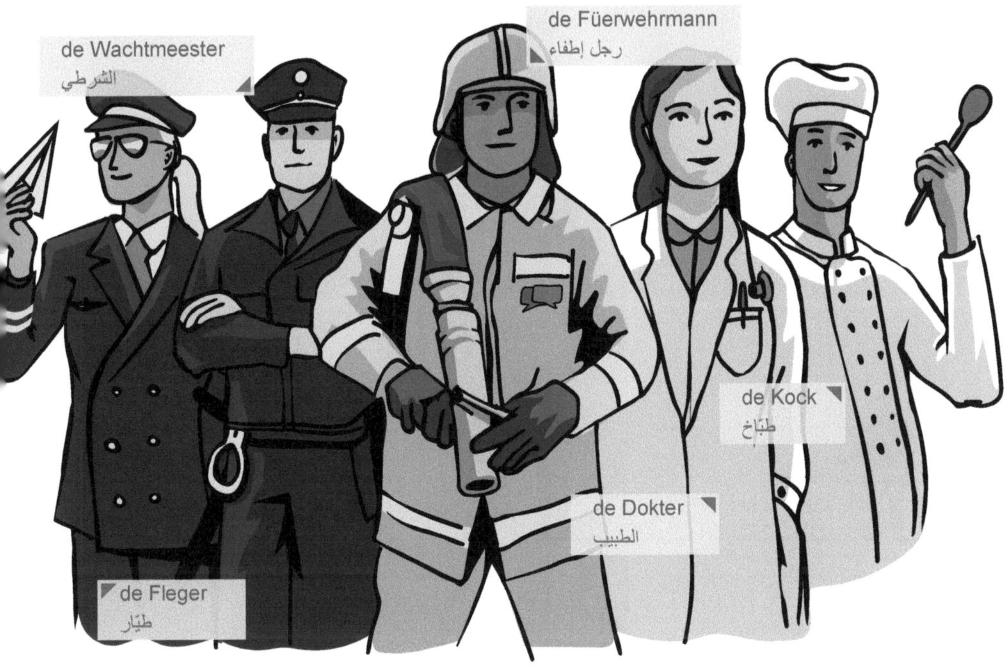
de Wachtmeester
الشرطي
de Füerwehrmann
رجل إطفاء
de Kock
طبّاخ
de Dokter
الطبيب
de Fleger
طيّار

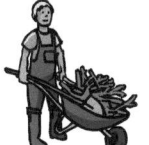

de Goorner
بستاني

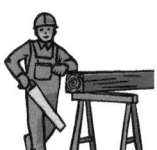

de Discher
نجّار

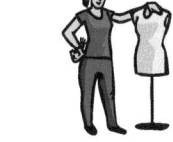

de Neihersche
خيّاطة

de Richter
قاض

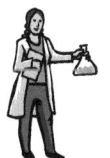

de Chemiker
كيميائي

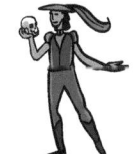

de Schauspeler
ممثّل

de Busfohrer

سائق حافلة

de Taxifohrer

سائق تاكسي

de Fischer

صياد سمك

de Reinmaakfru

أجيرة للتنظيف

de Dackdecker

بنّاء سقف

de Kellner

نادل

de Jäger

صيّاد

de Maler

رسّام

de Bäcker

خباز

de Elektriker

كهربائي

de Buarbeider

عامل بناء

de Ingenieur

مهندس

de Slachter

لحّام

de Klempner

سمكري

de Postbüdel

ساعي البريد

de Suldat

جندي

de Architekt

مهندس معماري

de Kasserer

أمين صندوق

de Florist

بائع الزهور

de Putzbüdel

حلاق

de Schaffner

مراقب القطار

de Mechaniker

ميكانيكي

de Kaptein

قبطان

de Tähndokter

طبيب أسنان

de Wetenschopler

رجل العلم

de Rabbi

حاخام

de Imam

إمام

de Mönk

راهب

de Paap

كاهن

dat Warktüüch

عدة عمل

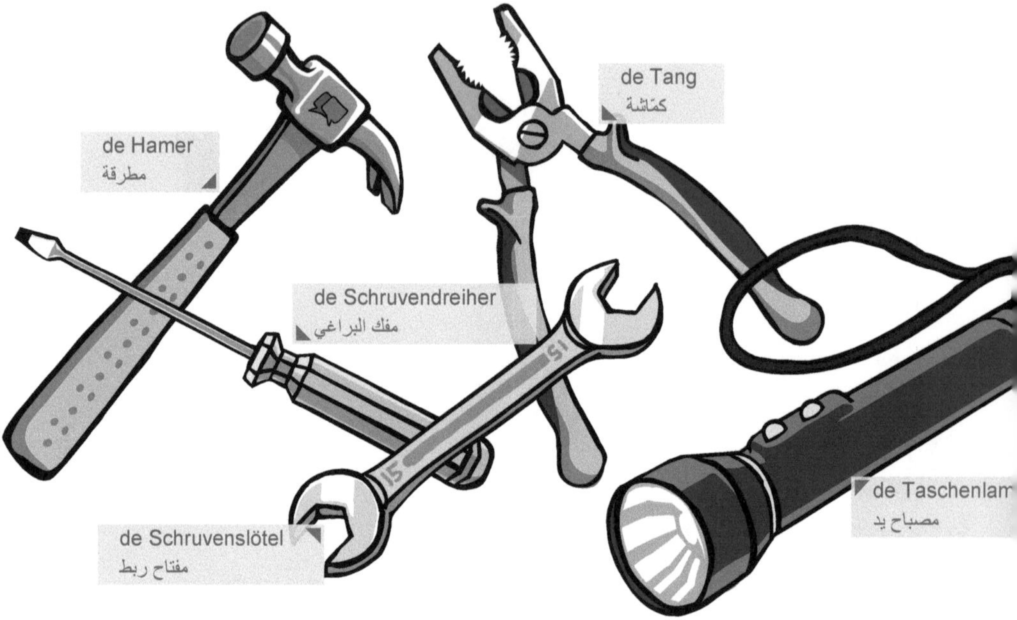

de Hamer
مطرقة
de Tang
كمّاشة
de Schruvendreiher
مفك البراغي
de Schruvenslötel
مفتاح ربط
de Taschenlam
مصباح يد

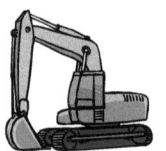

de Grieper

جرافة

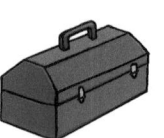

de Warktüüchkassen

صندوق العدة

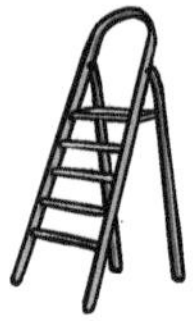

de Ledder

سلّم

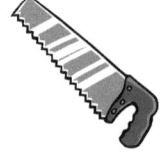

de Saag

منشار

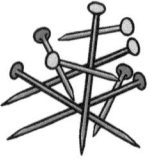

de Nagels

مسامير

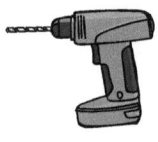

de Bohrer

مثقب

heelmaken

يصلح

de Schüffel

مجرفة

Schiet!

اللعنة

dat Kehrblick

لقاطة الكناسة

de Farvpott

سطل الألوان

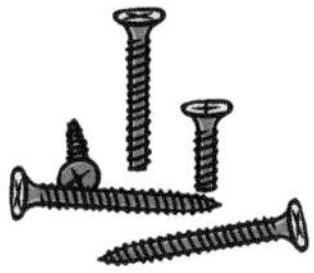

de Schruven

براغي

de Musikinstrumenten

آلات موسيقية

de Luutsnacker
مكبر الصوت

dat Slagtüüch
آلات الإيقاع

de Rietfiedel
غيتار

de Bass-Vigelien
كمان أجهر

de Trumpeet
بوق

dat Klaveer

بيانو

de Vigelien

كمنجة

de Bass

جهير

de Pauk

طبل كبير

de Trummeln

طبل

dat Keyboard

بيانو كهربائي

dat Saxophon

ساكسوفون

de Fleut

ناي

dat Mikrofoon

ميكروفون

de Deertenpark

حديقة حيوانات

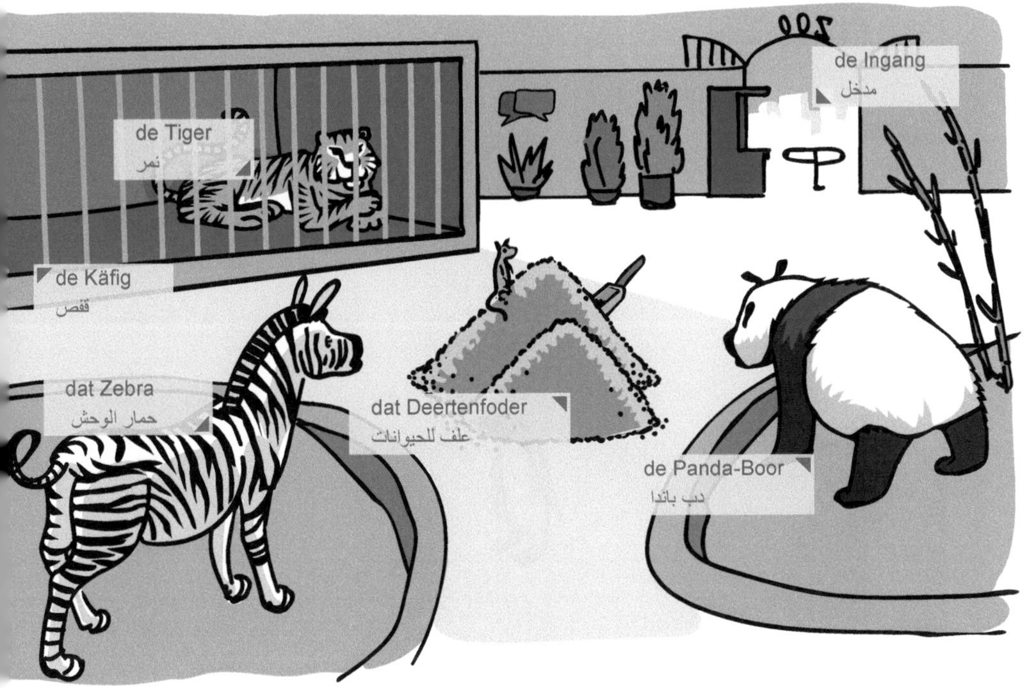

de Ingang
مدخل
de Tiger
نمر
de Käfig
قفص
dat Zebra
حمار الوحش
dat Deertenfoder
علف للحيوانات
de Panda-Boor
دب باندا

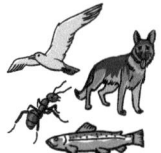

de Deerten

حيوانات

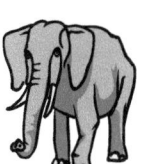

de Elefant

فيل

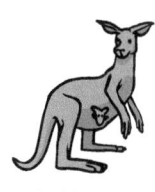

dat Känguru

كنغر

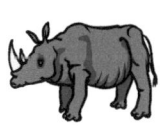

dat Neeshoorn

وحيد القرن

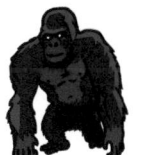

de Gorilla

غوريلا

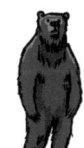

de Boor

دب

dat Kameel

جمل

de Struuß

نعامة

de Lööv

أسد

de Aap

قرد

de Flamingo

طائر فلامينغو

de Papagoi

ببغاء

de Iesboor

دب قطبي

de Pinguin

بطريق

de Haifisch

سمك القرش

de Pageluun

طاووس

de Slang

أفعى

dat Krokodil

تمساح

de Oppasser in'n
Deertenpark

حارس في حديقة الحيوان

de Saalhund

عجل البحر

de Jaguor

نمر أمريكي مرقط

dat Pony

فرس قزم

de Leopard

نمر

dat Nilpeerd

فرس النهر

de Giraff

زرافة

de Aadler

نسر

dat Wildswien

خنزير برّي

de Fisch

سمك

de Schildkrööt

سلحفاة

dat Walross

حيوان فظ البحري

de Voss

ثعلب

de Gazell

غزال

de Sport
رياضة

de Amerikaansch Football
كرة القدم الأمريكية

dat Radfohren
ركوب الدراجات

dat Tennis
كرة التنس

de Korfball
كرة السلة

dat Swümmen
السباحة

dat Ieshockey
هوكي الجليد

dat Boxen
الملاكمة

de Football

كرة القدم

dat Fedderball

الريشة الطائرة

de Leichtathletik

ألعاب القوى الخفيفة

de Handball

كرة اليد

dat Skilopen

التزلج على الثلج

dat Polo

بولو

62   de Sport - رياضة

de Aktivitäten
نشاطات

lachen
يضحك
springen
يقفز
ümarmen
يعانق
gahn
يمشي
singen
يغنّي
drömen
يحلم
beden
يصلّي
snuteln
يقبل

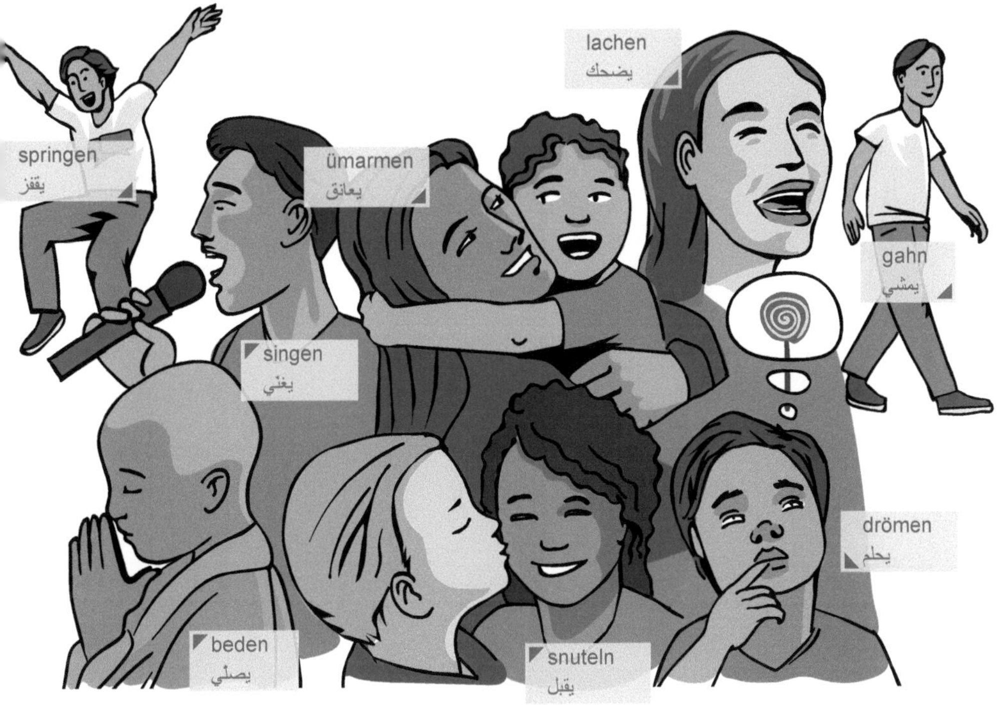

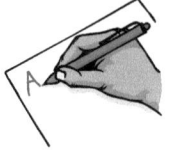

schrieven

يكتب

teken

يرسم

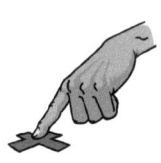

wiesen

يُري

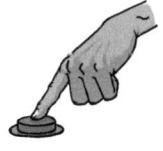

drücken

يدفع

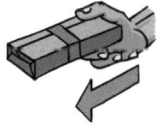

geven

يعطي

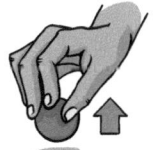

nehmen

يأخذ

hebben

يملك

doon

يعمل

sien

يوجد

stahn

يقف

lopen

يركض

trecken

يسحب

smieten

يرمي

fallen

يقع

liggen

يستلقي

töven

ينتظر

dregen

يحمل

sitten

يجلس

antrecken

يلبس

slapen

ينام

opwaken

يستيقظ

ankieken

ينظر إلى ..

wenen

يبكي

eien

يمسّد

kämmen

يمشّط

snacken

يتكلم

verstahn

يفهم

fragen

يسأل

hören

يسمع

drinken

يشرب

eten

ياكل

oprümen

يرتّب

leefhebben

يحبّ

kaken

يطبخ

fohren

يقود

flegen

يطير

segeln

يبحر بزورق شراعي

reken

يحسب

lesen

يقرأ

lehren

يتعلم

arbeiden

يعمل

de Plünnen tohoopsmieten

يتزوج

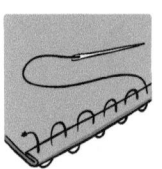

neihen

يخيط

Tähnen putzen

ينظف أسنانه

dootmaken

يقتل

smöken

يدخن

schicken

يرسل

Grootmoder

de Grootvadder
جدّ

de Vadder
أب

de Moder
أم

Winnelkind
ال

de Dochter
ابنة

de Söhn
ابن

de Gast
....
ضيف

de Tant
....
عمّة / خالة

de Unkel
....
عمّ / خال

de Broder
....
أخ

de Süster
....
أخت

de Lief

الجسم

de Vörkopp
الجبين
dat Oog
العين
de Schuller
الكتف
de Finger
الإصبع
dat Gesicht
الوجه
dat Kinn
الذقن
de Hand
اليد
dat Been
الساق
de Bost
الصدر
de Arm
الذراع

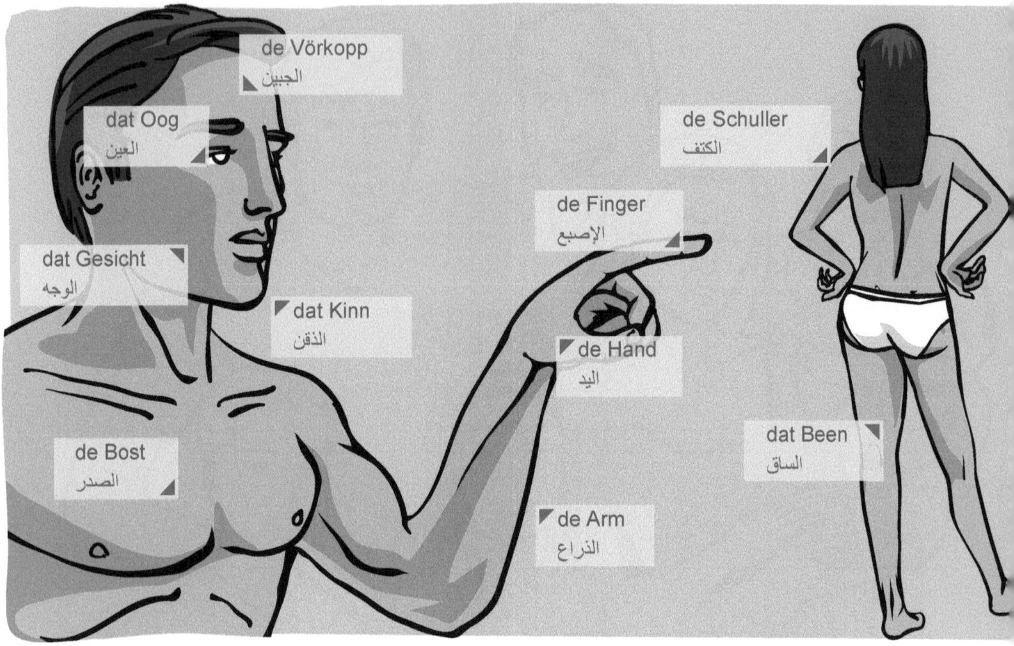

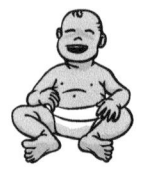

dat Winnelkind

الطفل

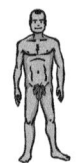

de Mann

الرجل

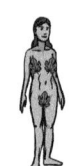

de Fro

المرأة

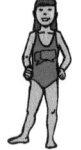

de Deern

البنت

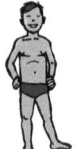

de Jung

الولد

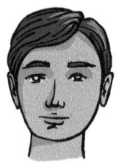

de Arm

الرأس

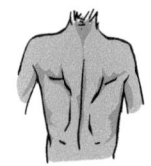

de Rüch

الظهر

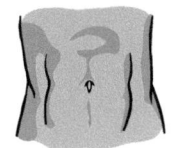

de Buuk

البطن

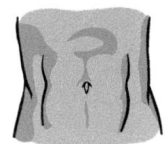

de Navel

السرّة

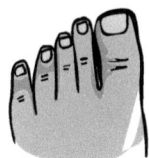

de Teh

إصبع القدم

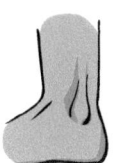

de Hack

الكعب

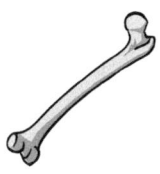

de Knaken

العظم

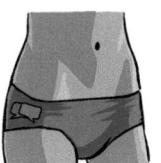

de Hüft

الورك

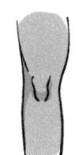

dat Knee

الركبة

de Ellbagen

المرفق

de Nees

الأنف

de Achtersen

العَجُز

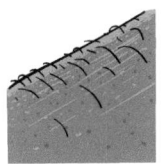

de Huut

البشرة

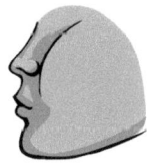

de Back

الخد

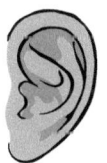

dat Ohr

الأذن

de Lipp

الشفة

de Mund

القم

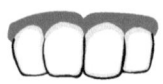

de Tähn

السن

de Tung

اللسان

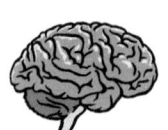

de Bregen

الدماغ

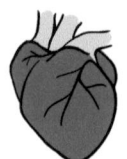

dat Hart

القلب

de Muskel

العضلة

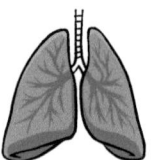

de Lung

الرئة

de Lever

الكبد

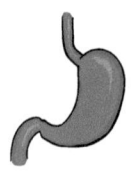

de Maag

المعدة

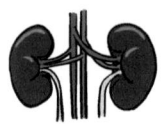

de Neren

الكلى

de Bislaap

الاتصال الجنسي

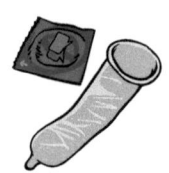

dat Kondoom

الواقي المطاطي

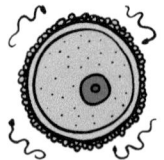

de Eizell

البويضة

dat Sperma

المنيّ

de Anner Ümstänn

الحمل

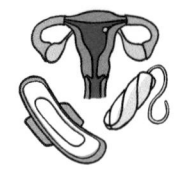

de Menstruatschoon

الحيض

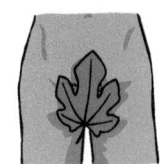

de Scheed

المهبل

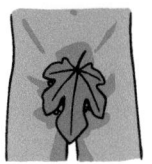

de Pint

القضيب

de Ogenbroe

الحاجب

dat Hoor

الشعر

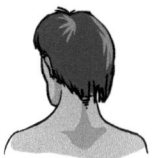

de Hals

الرقبة

dat Krankenhuus

المستشفى

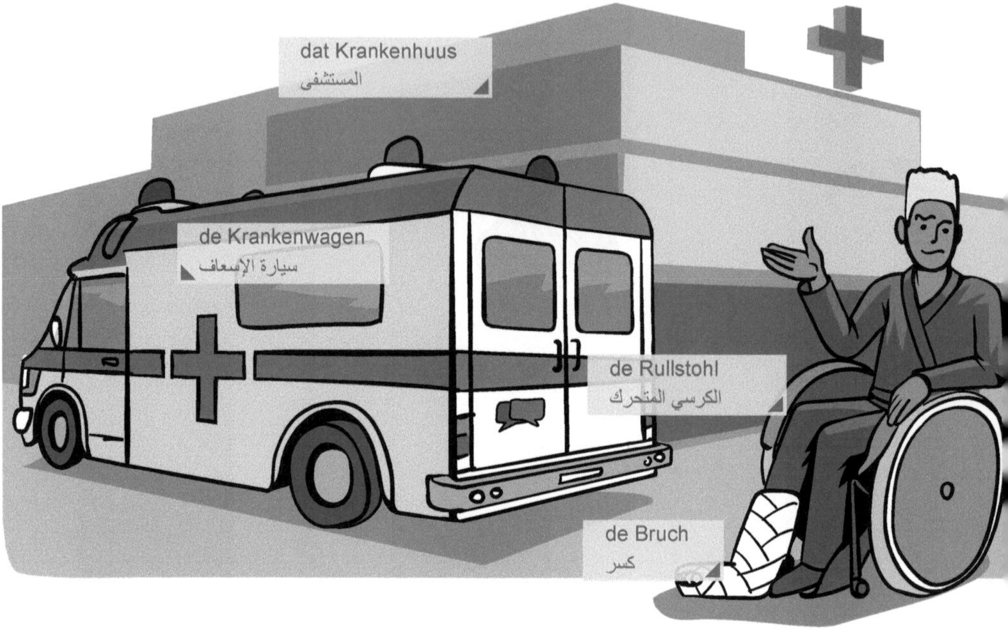

dat Krankenhuus
المستشفى
de Krankenwagen
سيارة الإسعاف
de Rullstohl
الكرسي المتحرك
de Bruch
كسر

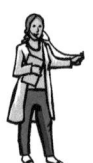

de Dokter

الطبيب

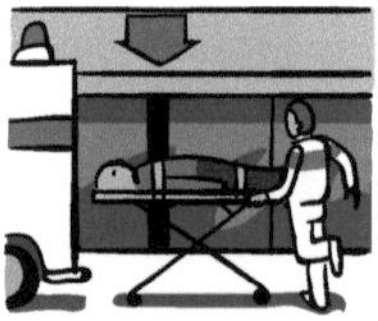

de Nootopnahm

غرفة الإسعاف

de Krankensüster

الممرضة

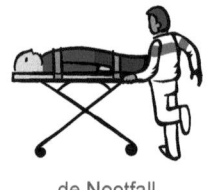

de Nootfall

حالة

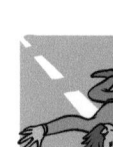

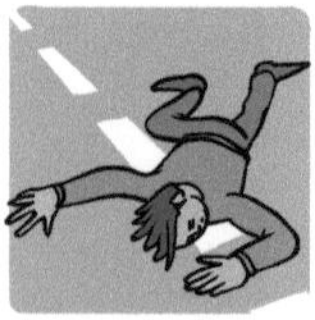

ahnmächtig

مغمى عليه

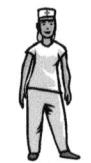

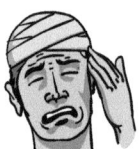

de Wehdaag

الألم

de Verwunnen

إصابة

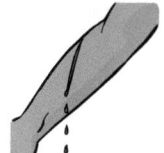

de Blöden

النزيف

de Hartinfarkt

احتشاء القلب

de Slaganfall

جلطة

de Allergie

حسسية

de Hoosten

السعال

dat Fever

الحُمَّى

de Gripp

إنفلونزا

de Dörchfall

الإسهال

de Koppwehdaag

وجع الرأس

de Kreeft

السرطان

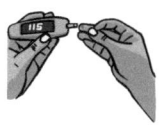

de Zuckersüük

مرض السكر

de Chirurg

جرّاح

dat Chirurgsch Mess

مبضع

de Operatschoon

عملية

dat CT

سيتي سكان

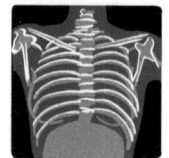

de Dörchlüchten

الأشعة السينية

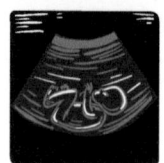

de Ultraschall

فوق الصوتي

de Mask

القناع

de Krankheit

المرض

de Töövruum

غرفة الانتظار

de Krück

العُكّاز

dat Plaaster

شريط لاصق

de Verband

ضماد

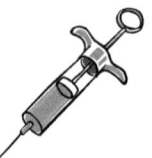

de Insprütten

حقنة

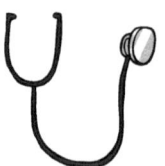

dat Stethoskop

سمّاعة الطبيب

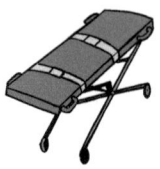

de Draag

نقالة

dat Feverthermometer

ميزان حرارة

de Geboort

ولادة

dat Övergewicht

وزن زائد

de Höörapparat

جهاز السمع

dat Kiemfriemiddel

المواد المعقمة

de Ansteken

عدوى

de Virus

فيروس

dat HIV / AIDS

الإيدز

dat Heelmiddel

الطب

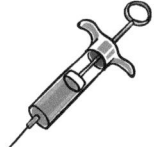

de Impen

اللقاح

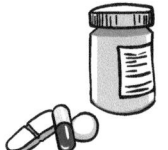

de Tabletten

أقراص الدواء

de Pill

حبّة الدواء

de Nootroop

نداء النجدة

de Blootdruck-Meter

مقياس ضغط الدم

krank / gesund

مريض / صحيح

de Nootfall

Hölp!

النجدة!

de Alarm

إنذار

de Överfall

اعتداء

de Angreep

هجوم

de Gefohr

خطر

de Nootutgang

مخرج طوارئ

dat Füer!

حريق!

de Füerlöscher

جهاز الإطفاء

de Unfall

حادث

de Noothölpkoffer

حقيبة الإسعاف الأولي

SOS

أنقذونا

de Polizei

الشرطة

Europa

أوروبا

Noordamerika

أمريكا الشمالية

Süüdamerika

أمريكا الجنوبية

Afrika

أفريقيا

Asien

آسيا

Australien

أستراليا

de Atlantik

المحيط الأطلسي

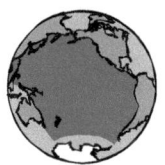

de Pazifik

المحيط الهادي

dat Indisch Weltmeer

المحيط الهندي

at Antarktisch Weltmeer

المحيط المتجمد الجنوبي

dat Arktisch Weltmeer

المحيط المتجمد الشمالي

de Noordpol

القطب الشمالي

de Süüdpol

القطب الجنوبي

de Antarktis

منطقة القطب الجنوبي

de Eerd

أرض

dat Land

بر

de See

بحر

dat Eiland

جزيرة

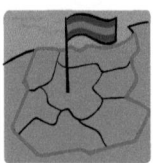

de Natschoon

أمة

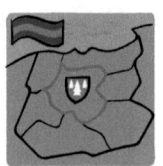

de Staat

دولة

dat Tallenblatt

ميناء الساعة

de Stunnenwieser

عقرب الساعات

de Minutenwieser

عقرب الدقائق

de Sekunnenwieser

عقرب الثواني

Wo laat is dat?

كم الساعة الآن؟

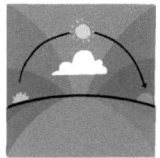

de Dag

يوم

de Tiet

زمن

nu

الآن

de digetaalsch Klock

ساعة رقمية

de Minuut

دقيقة

de Stunn

ساعة

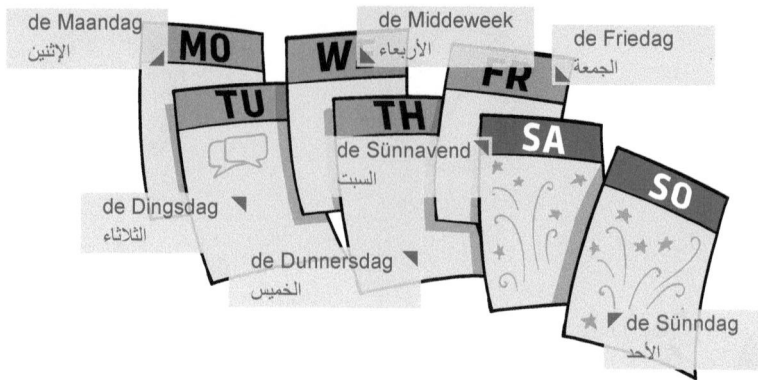

de Maandag — الإثنين
de Middeweek — الأربعاء
de Friedag — الجمعة
de Dingsdag — الثلاثاء
de Dunnersdag — الخميس
de Sünnavend — السبت
de Sünndag — الأحد

güstern

الأمس

hüüt

اليوم

morgen

غداً

de Morgen

الصباح

de Meddag

الظهر

de Avend

المساء

de Arbeitsdaag

أيام العمل

dat Wekenenn

نهاية الأسبوع

dat Johr

سنة

de Regenbagen
قوس قزح
de Regen
مطر
de Snee
ثلج
de Wind
ريح
dat Fröhjohr
الربيع
de Harvst
الخريف
de Sommer
الصيف
de Winter
الشتاء

4.APRIL 11°
5.APRIL 4°
6.APRIL 13°
7.APRIL 8°
8.APRIL 10°

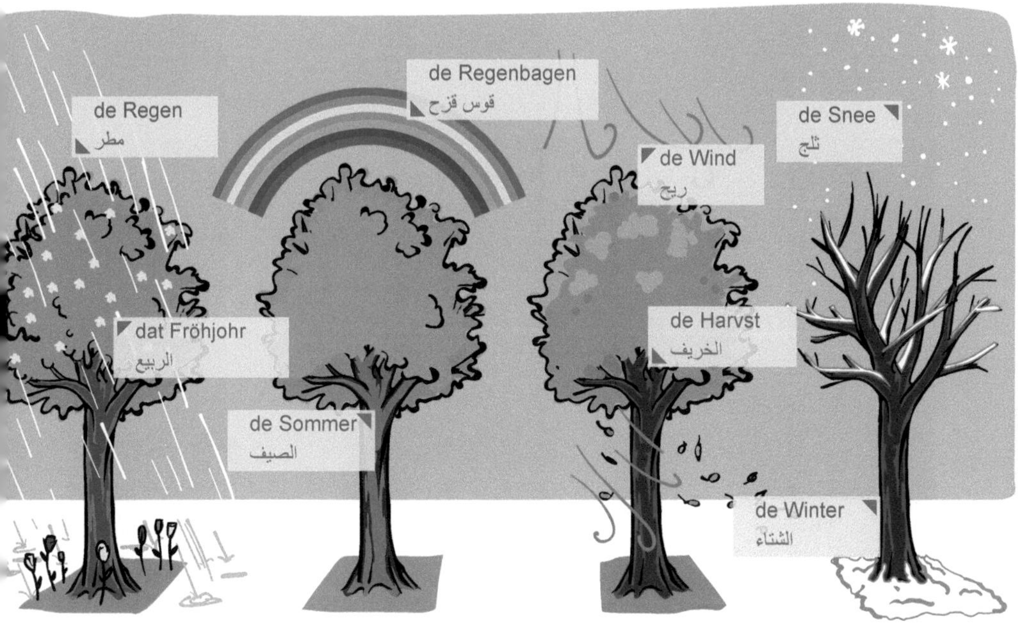

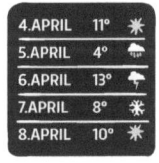

de Wedervörhersaag

التنبؤ بالحالة الجوية

F C
120 40
90 30
60 20
30 10
0 0
-30 -10
-20

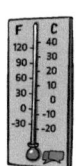

dat Thermometer

مقياس حرارة

de Sunnenschien

ضوء الشمس

de Wulk

سحابة

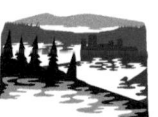

de Nevel

ضباب

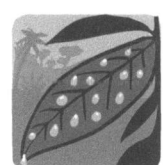

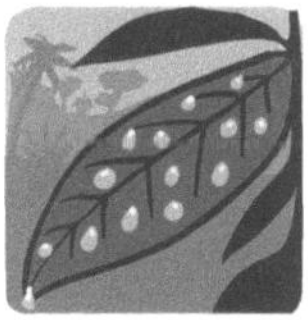

de Luftfuchtigkeit

رطوبة الجو

de Blitz

برق

de Dunner

رعد

de Storm

عاصفة

de Hagel

بَرَد

de Monsun

ريح موسمية

de Floot

طوفان

dat Ies

جليد

de Januormaand

كانون الثاني / يناير

de Februormaand

شباط / فبراير

de Martmaand

آذار / مارس

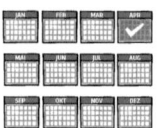

de Aprilmaand

نيسان / أبريل

de Maimaand

أيار / مايو

de Junimaand

حزيران / يونيو

de Julimaand

تموز / يوليو

de Augustmaand

آب / أغسطس

de Septembermaand
....
أيلول / سبتمبر

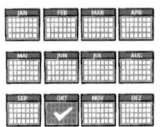

de Oktobermaand
....
تشرين الأول / أكتوبر

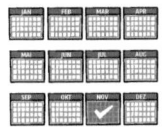

de Novembermaand
....
تشرين الثاني / نوفمبر

de Dezembermaand
....
كانون الأول / ديسمبر

de Formen
أشكال

de Krink
....
دائرة

dat Quadrat
....
مربّع

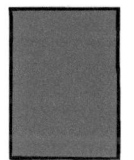

dat Rechteck
....
مستطيل

dat Dreeeck
....
مثلّث

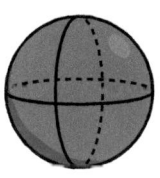

de Kugel
....
كرة

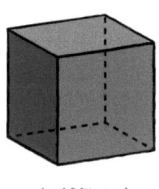

de Wörpel
....
مكعّب

witt

أبيض

geel

أصفر

orangsch

برتقالي

pink

وردي

root

أحمر

lila

بنفسجي

blau

أزرق

gröön

أخضر

bruun

بني

gries

رمادي

swart

أسود

veel / wenig

كثير / قليل

böös / verdreeglich

غضبان / هادئ

smuck / mies

جميل / قبيح

de Begünn / dat Enn

بداية / نهاية

groot / lütt

كبير / صغير

hell / düüster

فاتح / قاتم

de Broder / de Süster

أخ / أخت

schier / schietig

نظيف / وسخ

kumpleet / nich kumpleet

كامل / ناقص

de Dag / de Nacht

نهار / ليل،

doot / lebennig

ميت / حيّ

breet / small

عريض / ضيّق

geneetbor / nich geneetbor

صالح للأكل / غير صالح

böös / fründlich

شرّير / لطيف

fickerig / langwielt

مثير / ممل

dick / dünn

سمين / نحيف

toeerst / toletzt

أولا / أخيراً

de Fründ / de Fiend

صديق / عدو

vull / leddig

مليء / فارغ

hart / week

صلب / لَين

swoor / licht

ثقيل / خفيف

de Smacht / de Döst

جوع / عطش

krank / gesund

مريض / صحيح

nich na't Recht / na't Recht

غير شرعي / شرعي

klook / dummerhaftig

ذكي / غبي

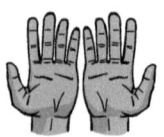

linkerhand / rechterhand

يسار / يمين

neeg / feern

قريب / بعيد

nieg / bruukt

جديد / مستعمل

nix / wat

لا شيء / بعض الشيء

oolt / jung

مسين / شاب

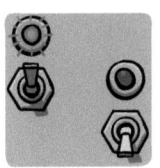

an / ut

يشعل / يطفئ

apen / slaten

مفتوح / مغلق

lies / luut

خافت / عالٍ

riek / arm

غني / فقير

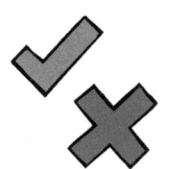

richtig / verkehrt

صح / خطأ

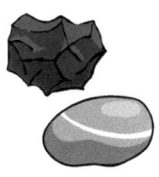

ruug / glatt

أحرش / املس

trurig / glücklich

حزين / سعيد

kort / lang

قصير / طويل

suutje / flink

بطيء / سريع

natt / dröög

مبلول / جاف

warm / köhl

ساخن / بارد

de Krieg / de Freden

حرب / سلم

0	**1**	**2**
null	een	twee
صفر	واحد	اثنان
3	**4**	**5**
dree	veer	fief
ثلاثة	أربعة	خمسة
6	**7**	**8**
söss	söven	acht
ستة	سبعة	ثمانية
9	**10**	**11**
negen	teihn	ölven
تسعة	عشرة	أحد عشر

12
twölf

اثنا عشر

13
dörteihn

ثلاثة عشر

14
veerteihn

أربعة عشر

15
föffteihn

خمسة عشر

16
sössteihn

ستة عشر

17
söventeihn

سبعة عشر

18
achtteihn

ثمانية عشر

19
negenteihn

تسعة عشر

20
twintig

عشرون

100
hunnert

مائة

1.000
dusend

ألف

1.000.000
million

مليون

dat Engelsch

الإنكليزية

dat Amerikaansch Engelsch

الإنكليزية الأمريكية

dat Chineesch Mandarin

لغة ماندارين الصينية

dat Hindi

الهندية

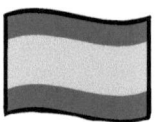

dat Spaansch

الإسبانية

dat Franzöösch

الفرنسية

dat Araabsch

العربية

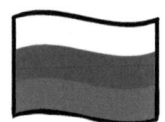

dat Rusch

الروسية

dat Portugiesch

البرتغالية

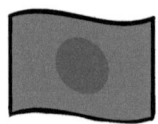

dat Bengaalsch

البنغالية

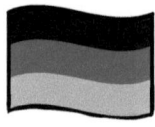

dat Düütsch

الألمانية

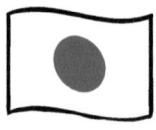

dat Japaansch

اليابانية

ik

أنا

du

أنت

he / se / dat

هو / هي

wi

نحن

ji

أنتم

se

هم

keen?

من؟

wat?

ماذا؟

woans?

كيف؟

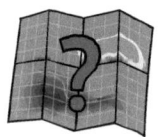

woneem?

أين؟

wannehr?

متى؟

de Naam

أسم

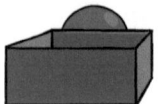

achter

خلف

in

في

vör

أمام

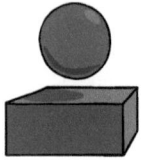

över

فوق

op

على

ünner

تحت

blangen

جنب

twüschen

بين

de Oort

مكان